Solitudes
and
Other Early Poems

Luis Ingelmo, born in Palencia and raised in Salamanca, holds degrees in English Philology and Philosophy. He spent seven years in the USA. His co-translations with Michael Smith include the poems of Elsa Cross, Claudio Rodríguez and Aníbal Núñez, among many others. His translations into Spanish include works by Larry Brown, Martin Carter, Thomas MacGreevy, Wole Soyinka, Natasha Trethewey and Derek Walcott. He is the author of the book of short tales, *La métrica del olvido* [The Metrics of Oblivion], and a poetry collection, *Aguapié* [Pomace Wine].

Michael Smith is a Dublin poet whose *Collected Poems* was published by Shearsman Books in 2009. His translations, many in collaboration with Luis Ingelmo, of Spanish and Latin American poets are numerous and have been critically acclaimed. The latest collection of his own poems, *Prayers for the Dead & Other Poems*, appeared from Shearsman in 2014. He is a member of Aosdána, the Irish National Academy of Artists.

Other Spanish & Latin American Classics from Shearsman Books

Gustavo Adolfo Bécquer *Collected Poems / Rimas* (ed. Luis Ingelmo;
    trans. Luis Ingelmo & Michael Smith)
Rosalía de Castro *Selected Poems* (translated by Michael Smith)
Fernando de Herrera *Selected Poems* (trans. Luis Ingelmo &
    Michael Smith)
Spanish Poetry of the Golden Age, in contemporary English translations
    (edited by Tony Frazer)

César Vallejo *The Complete Poems*
César Vallejo *Selected Poems*
César Vallejo *The Black Heralds & Other Early Poems*
César Vallejo *Trilce*
César Vallejo *Complete Later Poems 1923-1938*
        (translated by Michael Smith & Valentino Gianuzzi)

Antonio Machado

Solitudes
& Other Early Poems

Translated from Spanish by
Michael Smith & Luis Ingelmo

Shearsman Books

First published in the United Kingdom in 2015 by
Shearsman Books
50 Westons Hill Drive
Emersons Green
Bristol
BS16 7DF

www.shearsman.com

ISBN 978-1-84861-391-1

Translations copyright
© Michael Smith and Luis Ingelmo, 2015

The right of Michael Smith and Luis Ingelmo to be identified as the
translators of this work, has been asserted by them
in accordance with the Copyrights, Designs and Patents Act
of 1988. All rights reserved.

Acknowledgements
Earlier versions of some of these poems appeared in
Antonio Machado, *Early Poems*,
translated by Michael Smith (Dublin: New Writers Press, 1976).

CONTENTS

Introduction   7

SOLEDADES

   Solitudes   13

DEL CAMINO

   About the Road   63

CANCIONES

   Songs   101

HUMORISMOS, FANTASÍAS, APUNTES

   Humour, Fantasies, Sketches   125

ÍNDICE DE PRIMEROS VERSOS   162

   Index of first lines   164

Foreword

Antonio Machado is, without a doubt, the father of modern Spanish lyric poetry: a bridge that stretches between Bécquer, Rubén Darío and Jiménez, Lorca, Alberti, Guillén, Cernuda, Aleixandre and Otero. While the work of Lorca, which is much better known, depicts the extravagant violence and gaiety that is one aspect of Spain (one aspect, incidentally—the Andalusian—that is frequently taken for more than it is), Machado expresses a quiet, meditative and enduring Spain that is no less real, no less present. More, much more than this, Machado was a great humanitarian poet whose poetic imagination was broad and deep, disdaining nothing except meanness and insincerity; fearing nothing… neither the masses and the modern world nor the metaphysical abyss.

Machado's life, like that of many writers of genius, was not externally very eventful if we except the last tragic events. He was born in Seville in 1875. His father, Antonio Machado Álvarez, was the great compiler of Andalusian folk poetry. Antonio's brother, Manuel, was also destined to become a leading poet of modern Spain. When Antonio was eight, the family moved to Madrid where the Machado brothers attended the progressive *Institución Libre de Enseñanza* where they were happy. Soon after their move to Madrid, the father died.

Given their background, their father's interests and the lively literary gatherings frequently held in their home—it was natural that the two brothers should early become interested in writing poetry. They were also interested in art and the theatre (in fact, their first writings were about the theatre and they collaborated in writing a number of plays). Although always bound by affection and respect, they were markedly different in many ways. Manuel was carefree and drawn to the pleasures of life, something of a dandy, delighting in entertainments, flirtations and the bohemian café life, happy enough to write a light, undemanding literary journalism. Antonio, on the other hand, was moody and introverted, preoccupied with ideas about life and art, a profound student of philosophy.

In 1899 the brothers went to Paris, then the cultural capital of Europe. There they earned a living translating for the publishing house of Garnier while absorbing the poetic methodologies of the various literary schools of the day: Symbolism, Parnassianism and Impressionism. Manuel naturally delighted in the carefree social life which Paris offered, while Antonio, true to his own nature, engaged in a study of the intuitionism of Henri

Bergson whose lectures he attended at the French College and whose ideas deeply influenced all his later work.

'Paris (of 1899),' Machado wrote, 'was still the city of the "Dreyfus affair" in the ambience of politics, of symbolism in poetry, of impressionism in painting, of elegant scepticism in criticism.' He met Oscar Wilde and Jean Moréas; and it was in Paris, too, in 1902, that he met the Nicaraguan poet—father of all modern poetry in Spanish—Rubén Darío.

Machado's own modest account of his life up to 1917, to be found in his own prologue to his *Collected Poems* is as follows:

> I was born in Seville one night in July 1875, in the celebrated *Palacio de las Dueñas*, located in the street of the same name. My memories of my native city are those of a child, since at eight I moved with my parents to live in Madrid. There I was educated at the *Institución Libre de Enseñanza*—by teachers whom I hold in real affection and for whom I feel deep gratitude.
>
> My adolescence and early manhood are Madrilenian. I have travelled somewhat in France and Spain. In 1907 I obtained a post of head of department in the French language which I taught for five years in Soria. There I married: there my wife died, whose memory always goes with me.
>
> I moved to Baeza, where I now reside. My pastimes are walking and reading.

In the '20s and '30s Machado spent his time schoolmastering in provincial towns, travelling round Spain and writing his poems. By the time the Civil War took place, his reputation was made. That catastrophe, however, put an end to more than Machado's poetry; it also killed him. Machado, along with the majority of Spanish intellectuals, supported the Republic and the new Spain it was hopefully and painfully ushering in; and he stayed in Spain to the bitter end, despite an offer from England of a lucrative position as a teacher of Spanish Literature. At the fall of Madrid, Antonio, with his mother, his youngest brother José and José's family, made his way, in the most appalling circumstances and with thousands of other starving and destitute refugees, to the small French border town of Collioure.

Neither Antonio nor his old mother survived the terrible journey. Antonio died of pneumonia, and his mother who was herself dying in another room in the same hotel at the same time without knowledge of her son's illness, followed him within three days.

A book on Machado's work—*Antonio Machado, poeta simbolista*—by J. M. Aguirre, places the poet, with irrefutable argument and illustration, in the great French Symbolist tradition. It is a tradition that gives Machado's work its most meaningful frame of reference. Machado was intent on discovering and appreciating that mysterious transcendence which gives life its depth and meaning. A few images—of fountains, roads, pine groves, poplars, light and shadow, sounds of water, deserted town squares—are tested again and again until they are proved, for him, to work as ways into that spiritual order where the soul enjoys its own profound and redemptive freedom.

Machado, however, unlike many of the French symbolists and perhaps because he was Spanish, never turned his back on common reality. Rather, reality and natural images were sacred to him as mysterious cyphers, flickering shadows at the mouth of the Cave. He was a deeply humanitarian poet; he believed in human emotions and intuitions, and he was always opposed to the baroque in Spanish poetry because he saw it as cerebral or conceptual and therefore an inadequate means of receiving significances from the temporal flux in which human beings live. He was Unamuno's compatriot.

In a prologue to the 1917 edition of the *Soledades*, Machado briefly described his poetics, and it is worth giving it here because it tells us, better than any critical essay could, what Machado was striving for in his poetry:

> I thought that the poetic element was not the word in its phonetic value, nor the colour, nor the line, nor a complex of sensations, but a deep stirring of the spirit—what the soul contributes, if it contributes anything, what it says, if it says anything, with its own voice, in a living response to its contact with the world.

The vital strength of Machado's poetry does not derive, essentially, from any formal metrics or subtle effects of rhythm (though these are generally accountable), but in the collocation, juxtaposition and often miraculous verbalisation of images, achieving in effect what Machado calls *la honda palpitación del espíritu*. Thus the present translators felt confident in opting, in the main, for a careful, cautious rendering guided by their own multi-mood experience of Machado's Spain—the landscapes and villages of Castile. It is but one of many possible methods: for Machado it seems to us to be the correct one.

The versions were undertaken to communicate, primarily, to the English-speaking reader without Spanish some of the pleasure the translators derived from the poems of Antonio Machado.

Finally, three acknowledgements must be made: to the late Paulino González, O.P., to Luis Huerga and to the American poet and translator, the late Anthony Kerrigan.

Michael Smith, *Dublin*
Luis Ingelmo, *Zamora*

Note on the Text

The Spanish text used for this edition of Antonio Machado's early poetry derives from *Poesía y prosa, Tomo II: Poesías completas* [Edición del cincuentenario], Oreste Macrì (ed.), Madrid: Espasa-Calpe / Fundación Antonio Machado, 1989. The poems have also been collated with those from *Soledades. Galerías. Otros poemas*, Geoffrey Ribbans (ed.), Madrid: Cátedra, 1988.

Soledades

Solitudes

I

(EL VIAJERO)

Está en la sala familiar, sombría,
y entre nosotros, el querido hermano
que en el sueño infantil de un claro día
vimos partir hacia un país lejano.

Hoy tiene ya las sienes plateadas,
un gris mechón sobre la angosta frente;
y la fría inquietud de sus miradas
revela un alma casi toda ausente.

Deshójanse las copas otoñales
del parque mustio y viejo.
La tarde, tras los húmedos cristales,
se pinta, y en el fondo del espejo.

El rostro del hermano se ilumina
suavemente. ¿Floridos desengaños
dorados por la tarde que declina?
¿Ansias de vida nueva en nuevos años?

¿Lamentará la juventud perdida?
Lejos quedó—la pobre loba—muerta.
¿La blanca juventud nunca vivida
teme, que ha de cantar ante su puerta?

¿Sonríe al sol de oro
de la tierra de un sueño no encontrada;
y ve su nave hender el mar sonoro,
de viento y luz la blanca vela hinchada?

Él ha visto las hojas otoñales,
amarillas, rodar, las olorosas
ramas del eucalipto, los rosales
que enseñan otra vez sus blancas rosas...

I

(THE TRAVELLER)

He is among us in the shady family room,
the dear brother we saw—
in the childhood dream of a clear day—
departing for a distant country.

Now his temples are silvery,
a tuft of grey over his narrow brow;
and his cold, uneasy stare
reveals a soul almost wholly gone.

The old and withered park
is stripped bare of its autumn leaves.
The evening paints itself behind damp
window panes and in the mirror's depths.

The face of the brother is softly lit.
Elegant disillusions gilded
by the close of evening?
The will for another life in years to come?

Does he, perhaps, lament the loss of youth?
Faraway—dead—lies that wretched she-wolf.
Is he afraid that pale, unlived youth
may now sing before his door?

Does he smile to the golden sun
of a dreamland not yet found
and see his ship cleave the resounding sea,
the white sail billowing with light and wind?

He has seen the whirl of the sere,
autumnal leaves, the fragrant branches
of the eucalyptus, the rosebushes
again revealing their white roses…

Y este dolor que añora o desconfía
el temblor de una lágrima reprime,
y un resto de viril hipocresía
en el semblante pálido se imprime.

   Serio retrato en la pared clarea
todavía. Nosotros divagamos.
En la tristeza del hogar golpea
el tictac del reloj. Todos callamos.

And this grief, of longing or distrust,
holds back the trembling of a tear,
and a residue of virile hypocrisy
is stamped on his pallid face.

The grave portrait on the wall
is still going grey. We digress.
In the sadness of the home strikes
the tick-tock of the clock. We are all silent.

II

He andado muchos caminos,
he abierto muchas veredas;
he navegado en cien mares
y atracado en cien riberas.

En todas partes he visto
caravanas de tristeza,
soberbios y melancólicos
borrachos de sombra negra,

y pedantones al paño
que miran, callan, y piensan
que saben, porque no beben
el vino de las tabernas.

Mala gente que camina
y va apestando la tierra...

Y en todas partes he visto
gentes que danzan o juegan,
cuando pueden, y laboran
sus cuatro palmos de tierra.

Nunca, si llegan a un sitio,
preguntan a dónde llegan.
Cuando caminan, cabalgan
a lomos de mula vieja,

y no conocen la prisa
ni aun en los días de fiesta.
Donde hay vino, beben vino;
donde no hay vino, agua fresca.

Son buenas gentes que viven,
laboran, pasan y sueñan,
y en un día como tantos
descansan bajo la tierra.

II

I have travelled many roads,
cleared many footpaths;
I have sailed a hundred seas,
berthed at a hundred shores.

Everywhere I have seen
caravans of sadness,
proud and melancholy people
drunk with black shadow;

and off-stage big fat pedants
who watch, in silence, thinking
they know because they don't drink
their wine in taverns.

Evil people who travel on
fouling the earth…

And everywhere I have seen
people who dance and play,
when allowed, and work
their small patches of land.

Never, having reached a place,
do they ask where they are.
When they travel they ride
on the back of an old mule,

knowing no haste—
even on feast days.
Wherever there is wine, they drink wine;
where there is no wine, fresh water.

They are good folk, living,
working, passing and dreaming,
and, on any given day,
they rest under ground.

III

La plaza y los naranjos encendidos
con sus frutas redondas y risueñas.

Tumulto de pequeños colegiales
que, al salir en desorden de la escuela,
llenan el aire de la plaza en sombra
con la algazara de sus voces nuevas.

¡Alegría infantil en los rincones
de las ciudades muertas!...
¡Y algo nuestro de ayer, que todavía
vemos vagar por estas calles viejas!

III

The square, and the orange trees in flame
with their round and bright fruit.

Tumult of small schoolboys
bursts from the school,
filling the air of the shady plaza
with the din of their young voices.

Childhood joy in the nooks
of the dead towns!
And our past selves, which we see
still roaming through these old streets!

IV

(EN EL ENTIERRO DE UN AMIGO)

    Tierra le dieron una tarde horrible
del mes de julio, bajo el sol de fuego.

    A un paso de la abierta sepultura,
había rosas de podridos pétalos,
entre geranios de áspera fragancia
y roja flor. El cielo
puro y azul. Corría
un aire fuerte y seco.

    De los gruesos cordeles suspendido,
pesadamente, descender hicieron
el ataúd al fondo de la fosa
los dos sepultureros...

    Y al reposar sonó con recio golpe,
solemne, en el silencio.

    Un golpe de ataúd en tierra es algo
perfectamente serio.

    Sobre la negra caja se rompían
los pesados terrones polvorientos...

    El aire se llevaba
de la honda fosa el blanquecino aliento.

    —Y tú, sin sombra ya, duerme y reposa,
larga paz a tus huesos...

    Definitivamente,
duerme un sueño tranquilo y verdadero.

IV

(AT A FRIEND'S BURIAL)

They buried him on a terrible noon
in the month of July, under a fiery sun.

A step away from the open grave
there were roses with rotten petals,
among geraniums of bitter fragrance
and red blooms. The sky
clear and blue. The wind
was blowing harsh and dry.

Suspended from thick ropes,
ponderously they lowered
the coffin to the bottom of the grave,
those two gravediggers…

And it landed with a sharp
solemn thud in the quiet.

The thud of a coffin on the earth
is something altogether serious.

Over the black box broke
heavy clods of dirt…

The air bore from the deep grave
a whitish breath.

'And you, now without shade, sleep and rest,
long peace to your bones…'

Sleep forever
a dream, peaceful and true.

V

(RECUERDO INFANTIL)

Una tarde parda y fría
de invierno. Los colegiales
estudian. Monotonía
de lluvia tras los cristales.

Es la clase. En un cartel
se representa a Caín
fugitivo, y muerto Abel,
junto a una mancha carmín.

Con timbre sonoro y hueco
truena el maestro, un anciano
mal vestido, enjuto y seco,
que lleva un libro en la mano.

Y todo un coro infantil
va cantando la lección:
«mil veces ciento, cien mil;
mil veces mil, un millón».

Una tarde parda y fría
de invierno. Los colegiales
estudian. Monotonía
de la lluvia en los cristales.

V

(CHILDHOOD MEMORY)

A cold, grey winter's evening.
The schoolchildren study.
Monotony of rain
behind the windows.

The classroom. A poster
pictures Cain fleeing
and the body of Abel
beside a stain of blood.

With hollow and resonant timbre
the teacher thunders: an old man,
dry, lean, badly dressed,
holding a book in his hand.

And the whole children's chorus
chants the lesson:
'A thousand times a hundred, a hundred thousand;
a thousand times a thousand, a million.'

A cold, grey winter's evening.
The schoolchildren study.
Monotony of rain
on the windows.

VI

Fue una clara tarde, triste y soñolienta
tarde de verano. La hiedra asomaba
al muro del parque, negra y polvorienta...
        La fuente sonaba.

Rechinó en la vieja cancela mi llave;
con agrio ruïdo abriose la puerta
de hierro mohoso y, al cerrarse, grave
golpeó el silencio de la tarde muerta.

En el solitario parque, la sonora
copla borbollante del agua cantora
me guio a la fuente. La fuente vertía
sobre el blanco mármol su monotonía.

La fuente cantaba: ¿Te recuerda, hermano,
un sueño lejano mi canto presente?
Fue una tarde lenta del lento verano.

Respondí a la fuente:
No recuerdo, hermana,
mas sé que tu copla presente es lejana.

Fue esta misma tarde: mi cristal vertía
como hoy sobre el mármol su monotonía.
¿Recuerdas, hermano?... Los mirtos talares,
que ves, sombreaban los claros cantares
que escuchas. Del rubio color de la llama,
el fruto maduro pendía en la rama,
lo mismo que ahora. ¿Recuerdas, hermano?...
Fue esta misma lenta tarde de verano.

—No sé qué me dice tu copla riente
de ensueños lejanos, hermana la fuente.

Yo sé que tu claro cristal de alegría
ya supo del árbol la fruta bermeja;

VI

It was a clear afternoon, a sad and sleepy
summer afternoon. The ivy, black and dusty,
peeped over the park wall…
                    The fountain sounded.

My key grated in the old lock.
The rusty wrought-iron gate
creaked open and, closing, crashed
against the silence of the dead afternoon.

In the empty park, the pleasant
bubbling ballad of the singing water
led me to the fountain. The fountain poured out
its monotony on the white marble.

The fountain sang, 'Does my song, brother,
recall a faraway dream?
It was a slow afternoon of the slow summer.'

I answered the fountain,
'I do not remember, sister,
but I know your song is far away.'

'It was this same afternoon: my crystal poured out,
as today, its monotony on the marble.
Do you remember, brother?… The myrtles you see
reaching the ground, shaded the clear songs
which you hear. Blonde as flames,
the ripe fruit hung on the branch,
just as today. Do you remember, brother?
It was this same slow summer afternoon.'

'I am not sure what your smiling song is saying
about faraway dreams, sister fountain.

I know that your clear crystal of joy
witnessed already the tree's red fruit;

yo sé que es lejana la amargura mía
que sueña en la tarde de verano vieja.

   Yo sé que tus bellos espejos cantores
copiaron antiguos delirios de amores:
mas cuéntame, fuente de lengua encantada,
cuéntame mi alegre leyenda olvidada.

   —Yo no sé leyendas de antigua alegría,
sino historias viejas de melancolía.

   Fue una clara tarde del lento verano…
Tú venías solo con tu pena, hermano;
tus labios besaron mi linfa serena,
y en la clara tarde dijeron tu pena.

   Dijeron tu pena tus labios que ardían;
la sed que ahora tienen, entonces tenían.

   —Adiós para siempre la fuente sonora,
del parque dormido eterna cantora.
Adiós para siempre, tu monotonía,
fuente, es más amarga que la pena mía.

   Rechinó en la vieja cancela mi llave;
con agrio ruïdo abriose la puerta
de hierro mohoso y, al cerrarse, grave
sonó en el silencio de la tarde muerta.

I know that my bitterness, dreaming
in the old summer afternoon, is far away.

I know that your beautiful singing mirrors
transcribed ancient ravings of love.
But tell me, fountain of enchanted speech,
tell me my happy forgotten story.'

'I don't know stories of ancient happiness,
but old stories of melancholy.

It was a clear afternoon of slow summer…
You came alone with your sorrow, brother.
Your lips kissed my serene water
and in the clear afternoon spoke your sorrow.

Your burning lips bespoke your sorrow;
the thirst they now have, they had before.'

'Goodbye forever, sonorous fountain,
eternal singer of the somnolent park.
Goodbye forever—your monotony,
fountain, is more bitter than my sorrow.'

My key grated in the old lock;
the rusty wrought-iron gate
creaked open and, closing, it clanged
in the silence of the dead afternoon.

VII

El limonero lánguido suspende
una pálida rama polvorienta,
sobre el encanto de la fuente limpia,
y allá en el fondo sueñan
los frutos de oro...
                    Es una tarde clara,
casi de primavera,
tibia tarde de marzo,
que el hálito de abril cercano lleva;
y estoy solo, en el patio silencioso,
buscando una ilusión cándida y vieja:
alguna sombra sobre el blanco muro,
algún recuerdo, en el pretil de piedra
de la fuente dormido, o, en el aire,
algún vagar de túnica ligera.

En el ambiente de la tarde flota
ese aroma de ausencia,
que dice al alma luminosa: nunca,
y al corazón: espera.

Ese aroma que evoca los fantasmas
de las fragancias vírgenes y muertas.

Sí, te recuerdo, tarde alegre y clara,
casi de primavera,
tarde sin flores, cuando me traías
el buen perfume de la hierbabuena
y de la buena albahaca,
que tenía mi madre en sus macetas.

Que tú me viste hundir mis manos puras
en el agua serena,
para alcanzar los frutos encantados
que hoy en el fondo de la fuente sueñan...

Sí, te conozco, tarde alegre y clara,
casi de primavera.

VII

The languid lemon tree suspends
a pale dusty branch
over the enchantment of the limpid fountain;
and there in the depths dream
the fruits of gold…
                    It is a clear afternoon,
almost of Spring,
a tepid afternoon of March
bearing the breath of near April;
and I am alone in the silent patio,
watching for an ingenuous and old illusion
a shadow on the white wall,
some memory asleep in the fountain's
stone railing, or, in the air,
the roaming of a light gown.

In the afternoon air there floats
this scent of absence
that says to the bright soul, 'Never,'
and to the heart, 'Hope.'

This scent evoking illusions
of pure and dead fragrances.

Yes, I remember you, happy and clear
afternoon, almost of Spring,
flowerless afternoon, when you brought me
the mint's good perfume
and that of the good sweet-basil
my mother grew in her plant-pots.

You saw me sink my pure hands
in the serene water
to touch the enchanted fruits
that dream now in the depths of the fountain…

Yes, I know you, happy and clear afternoon,
almost of Spring.

VIII

    Yo escucho los cantos
de viejas cadencias,
que los niños cantan
cuando en corro juegan
y vierten en coro
sus almas que sueñan,
cual vierten sus aguas
las fuentes de piedra:
con monotonías
de risas eternas,
que no son alegres,
con lágrimas viejas,
que no son amargas
y dicen tristezas,
tristezas de amores
de antiguas leyendas.

    En los labios niños,
las canciones llevan
confusa la historia
y clara la pena;
como clara el agua
lleva su conseja
de viejos amores,
que nunca se cuentan.

    Jugando, a la sombra
de una plaza vieja,
los niños cantaban...

    La fuente de piedra
vertía su eterno
cristal de leyenda.

    Cantaban los niños
canciones ingenuas,
de un algo que pasa

VIII

I listen to the songs
of old cadences
the children sing
when they play in a ring
together spilling
their dreaming souls
the way the stone fountains
pour out their waters—
with the monotony
of eternal unhappy
laughter,
with old tears
without bitterness
telling of sadness,
of love's sadness
in old stories.

On the lips of children
the songs carry
the story confused,
the sorrow clear;
as clear as the water
carries its fable
of old loves
untold.

Playing in the shadow
of an old square
the children sang…

The stone fountain
poured out its eternal
legendary crystal.

The children sang
ingenuous songs,
of something passing

y que nunca llega:
la historia confusa
y clara la pena.

    Seguía su cuento
la fuente serena;
borrada la historia,
contaba la pena.

and never arriving:
the story confused,
the sorrow clear.

The serene fountain
continued its tale:
the story erased,
it recounted the sorrow.

IX

(ORILLAS DEL DUERO)

Se ha asomado una cigüeña a lo alto del campanario.
Girando en torno a la torre y al caserón solitario,
ya las golondrinas chillan. Pasaron del blanco invierno,
de nevascas y ventiscas los crudos soplos de infierno.
                Es una tibia mañana.
El sol calienta un poquito la pobre tierra soriana.

Pasados los verdes pinos,
casi azules, primavera
se ve brotar en los finos
chopos de la carretera
y del río. El Duero corre, terso y mudo, mansamente.
El campo parece, más que joven, adolescente.

Entre las hierbas alguna humilde flor ha nacido,
azul o blanca. ¡Belleza del campo apenas florido,
y mística primavera!

¡Chopos del camino blanco, álamos de la ribera,
espuma de la montaña
ante la azul lejanía,
sol del día, claro día!
¡Hermosa tierra de España!

IX

(BANKS OF THE DUERO)

A stork sprang up at the top of the belfry.
Now the swallows are screeching, flying around the tower
and the big rambling solitary house. The harsh gusts of hell
are gone from white Winter, from snowfalls and blizzards.
                    It is a tepid morning.
The sun warms the poor land of Soria a little.

Past the green, almost blue
pines, one sees Spring
erupt in the fine poplars of the road
and river. The Duero flows, smooth and silent, gently.
The countryside seems young, almost adolescent.

Among the plants some modest flower has bloomed,
blue or white. O beauty of the scarcely blossoming countryside,
and of mystical Spring!

O black poplars on the white road, poplars on the riverbank,
froth on the mountain
before the blue distance,
sun of the day, clear day!
O beautiful land of Spain!

X

    A la desierta plaza
conduce un laberinto de callejas.
A un lado, el viejo paredón sombrío
de una ruinosa iglesia;
a otro lado, la tapia blanquecina
de un huerto de cipreses y palmeras,
y, frente a mí, la casa,
y en la casa, la reja,
ante el cristal que levemente empaña
su figurilla plácida y risueña.
Me apartaré. No quiero
llamar a tu ventana… Primavera
viene—su veste blanca
flota en el aire de la plaza muerta—;
viene a encender las rosas
rojas de tus rosales… Quiero verla…

X

A labyrinth of alleys
leads to the deserted square.
On one side, the shady old standing wall
of a tumbledown church;
on the other, the whitish wall
of an orchard of cypresses and palm trees;
and, before me, the house,
and in the house, the grille
before the window which gently dims
her tiny figure, placid and smiling.
I'll move off. I have no wish
to tap on your window… Spring
is coming—its white raiment
fluttering in the air of the dead square;
it's coming to inflame the red roses
of your rosebushes… I want to see it…

XI

    Yo voy soñando caminos
de la tarde. ¡Las colinas
doradas, los verdes pinos,
las polvorientas encinas!...
¿Adónde el camino irá?
Yo voy cantando, viajero
a lo largo del sendero...
—La tarde cayendo está—,
«En el corazón tenía
la espina de una pasión;
logré arrancármela un día:
ya no siento el corazón».

    Y todo el campo un momento
se queda, mudo y sombrío,
meditando. Suena el viento
en los álamos del río.

    La tarde más se oscurece;
y el camino que serpea
y débilmente blanquea,
se enturbia y desaparece.

    Mi cantar vuelve a plañir:
«Aguda espina dorada,
quién te pudiera sentir
en el corazón clavada.»

XI

I go dreaming roads
of the afternoon, the golden
hills, the green pines,
the dusty holm oaks…
I wonder where will the road lead?
I go singing, a traveller
along the path…
(It's getting dark.)
'In my heart I had
the thorn of a passion;
I managed to pluck it out one day:
I can no longer feel my heart.'

And for a while the whole countryside
remains meditative,
silent, in shadow. The wind sounds
in the river poplars.

The afternoon grows even darker;
and the road, winding
and faintly whitening,
fades and disappears.

My song again is a lament,
'I wish I could feel you,
sharp and golden thorn,
still stuck in my heart.'

XII

Amada, el aura dice
tu pura veste blanca...
No te verán mis ojos;
¡mi corazón te aguarda!

El viento me ha traído
tu nombre en la mañana;
el eco de tus pasos
repite la montaña...
No te verán mis ojos;
¡mi corazón te aguarda!

En las sombrías torres
repican las campanas...
No te verán mis ojos;
¡mi corazón te aguarda!

Los golpes del martillo
dicen la negra caja;
y el sitio de la fosa,
los golpes de la azada...
No te verán mis ojos;
¡mi corazón te aguarda!

XII

Beloved, the breeze bespeaks
your pure white raiment…
My eyes will not see you;
my heart awaits you!

The wind has brought me
your name in the morning;
the mountain repeats
the echo of your steps…
My eyes will not see you;
my heart awaits you!

The bells ring
in the shady towers…
My eyes will not see you;
my heart awaits you!

The strokes of the hammer
bespeak the black coffin;
the strokes of the spade
the place of the grave.
My eyes will not see you;
my heart awaits you!

XIII

    Hacia un ocaso radiante
caminaba el sol de estío,
y era, entre nubes de fuego, una trompeta gigante,
tras de los álamos verdes de las márgenes del río.

    Dentro de un olmo sonaba la sempiterna tijera
de la cigarra cantora, el monorritmo jovial,
entre metal y madera,
que es la canción estival.

    En una huerta sombría,
giraban los cangilones de la noria soñolienta.
Bajo las ramas oscuras el son del agua se oía.
Era una tarde de julio, luminosa y polvorienta.

    Yo iba haciendo mi camino,
absorto en el solitario crepúsculo campesino.

    Y pensaba: «¡Hermosa tarde, nota de la lira inmensa
toda desdén y armonía;
hermosa tarde, tú curas la pobre melancolía
de este rincón vanidoso, oscuro rincón que piensa!»

    Pasaba el agua rizada bajo los ojos del puente.
Lejos la ciudad dormía,
como cubierta de un mago fanal de oro transparente.
Bajo los arcos de piedra el agua clara corría.

    Los últimos arreboles coronaban las colinas
manchadas de olivos grises y de negruzcas encinas.
Yo caminaba cansado,
sintiendo la vieja angustia que hace el corazón pesado.

    El agua en sombra pasaba tan melancólicamente,
bajos los arcos del puente,
como si al pasar dijera:

XIII

Towards a radiant sunset
moved the sun of summer,
and it was, among clouds of fire, a gigantic trumpet,
behind the green poplars on the river banks.

Inside an elm there sounded the eternal scissors
of the singing cicada, the jovial monorhythm—
somewhere between metal and wood—
which is the song of summer.

In a large shady orchard
the buckets of the sleepy water-wheel gyrated.
Under the gloomy branches, the sound of the water.
It was a July evening, luminous and dusty.

I was walking along,
engrossed in the lonely country twilight.

And I thought, 'Lovely evening, note of the immense lyre
utterly disdainful and harmonious;
lovely evening, you remedy the poor sadness
of this vain corner, this dark thinking nook.'

The choppy water passed under the arches of the bridge.
Far away the town slept
as if covered with a magic bell jar of transparent gold.
Under the stone arches flowed the clear water.

The last red clouds crowned the hills
spotted with grey olives and blackish holm oaks.
I walked, weary,
feeling the old anguish burdening my heart.

The shaded water passed so sadly
under the arches of the bridge,
as if on passing it was saying,

«Apenas desamarrada
la pobre barca, viajero, del árbol de la ribera,
se canta: no somos nada.
Donde acaba el pobre río la inmensa mar nos espera».

　　Bajo los ojos del puente pasaba el agua sombría.
(Yo pensaba: ¡el alma mía!)

　　Y me detuve un momento,
en la tarde, a meditar…
¿Qué es esta gota en el viento
que grita al mar: soy el mar?

　　Vibraba el aire asordado
por los élitros cantores que hacen el campo sonoro,
cual si estuviera sembrado
de campanitas de oro.

　　En el azul fulguraba
un lucero diamantino.
Cálido viento soplaba,
alborotando el camino.

　　Yo, en la tarde polvorienta,
hacia la ciudad volvía.
Sonaban los cangilones de la noria soñolienta.
Bajo las ramas oscuras caer el agua se oía.

'As soon as the boat was
unmoored, traveller, from the tree on the bank,
a song was heard, "We are nothing."
Where the poor river ends the immense sea awaits.'

Under the arches of the bridge flowed the shaded water.
(I thought, 'My soul!')

And I stopped for a while,
in the evening, to meditate…
What is this droplet in the wind
that cries to the sea, 'I am the sea'?

The air vibrated, deafened
by the singing elytra that make the countryside resonate,
as if sown
with tiny golden bells.

An adamantine evening star
shone in the sky.
A hot wind blew
ruffling the road.

In the dusty evening
I returned to town.
The buckets of the sleepy water-wheel sounded.
Under the gloomy branches, the falling water.

XIV

(CANTE HONDO)

Yo meditaba absorto, devanando
los hilos del hastío y la tristeza,
cuando llegó a mi oído,
por la ventana de mi estancia, abierta

a una caliente noche de verano,
el plañir de una copla soñolienta,
quebrada por los trémolos sombríos
de las músicas magas de mi tierra.

... Y era el Amor, como una roja llama...
—Nerviosa mano en la vibrante cuerda
ponía un largo suspirar de oro,
que se trocaba en surtidor de estrellas—.

... Y era la Muerte, al hombro la cuchilla,
el paso largo, torva y esquelética.
—Tal cuando yo era niño la soñaba—.

Y en la guitarra, resonante y trémula,
la brusca mano, al golpear, fingía
el reposar de un ataúd en tierra.

Y era un plañido solitario el soplo
que el polvo barre y la ceniza avienta.

XIV

(FLAMENCO SONG)

Meditating, lost in thought, spinning
the threads of tedium and sadness,
there came to my ear
through the window of my room, open

to a warm summer night,
the lament of a sleepy ballad,
broken by the sombre tremors
of my land's magic music.

…And it was Love, like a red flame…
—A nervous hand on the vibrating string
set a long sighing of gold
transforming itself into a spout of stars.

…And it was Death, the blade on his shoulder,
his stride long, grim and skeletal.
—Thus I dreamt it when I was a boy.

And on the guitar, resounding and tremulous,
the sudden hand, on striking, echoed
the coffins settling into the earth.

And the breath sweeping the dust
and fanning the cinders was a lonely lament.

XV

La calle en sombra. Ocultan los altos caserones
el sol que muere; hay ecos de luz en los balcones.

¿No ves, en el encanto del mirador florido,
el óvalo rosado de un rostro conocido?

La imagen, tras el vidrio de equívoco reflejo,
surge o se apaga como daguerrotipo viejo.

Suena en la calle solo el ruido de tu paso;
se extinguen lentamente los ecos del ocaso.

¡Oh, angustia! Pesa y duele el corazón... ¿Es ella?
No puede ser... Camina... En el azul, la estrella.

XV

The street in shadow. The tall rambling houses
blot out the setting sun. Echoes of light on the balconies.

Can't you see, in the charm of the balcony in blossom,
the rose oval of a familiar face?

The figure, behind the glass of equivocal reflection,
appears and fades away like an old daguerreotype.

Only the sound of your step in the street;
the echoes of the sunset die away.

O anguish! The heart droops and aches… Is it her?
It cannot be… She walks… In the sky, the star.

XVI

    Siempre fugitiva y siempre
cerca de mí, en negro manto
mal cubierto el desdeñoso
gesto de tu rostro pálido.
No sé adónde vas, ni dónde
tu virgen belleza tálamo
busca en la noche. No sé
qué sueños cierran tus párpados,
ni de quién haya entreabierto
tu lecho inhospitalario.

....

    Detén el paso, belleza
esquiva, detén el paso.
Besar quisiera la amarga,
amarga flor de tus labios.

XVI

Ever fugitive and ever
near me, the scorn of your
pale face ill-concealed
in a black cloak.
I don't know where you go, nor where
your virginal beauty searches in the night
for a nuptial bed. I don't know
what kind of dreams close your lids,
nor do I know who has drawn back
the sheets of your inhospitable bed.

....

Don't go now, aloof
beauty, don't go now.
I'd love to kiss the bitter,
bitter flower of your lips.

XVII

(HORIZONTE)

En una tarde clara y amplia como el hastío,
cuando su lanza blande el tórrido verano,
copiaban el fantasma de un grave sueño mío
mil sombras en teoría, enhiestas sobre el llano.

La gloria del ocaso era un purpúreo espejo,
era un cristal de llamas, que al infinito viejo
iba arrojando el grave soñar en la llanura...
Y yo sentí la espuela sonora de mi paso
repercutir lejana en el sangriento ocaso,
y más allá, la alegre canción de un alba pura.

XVII

(HORIZON)

In an evening clear and boundless as tedium
when the torrid summer wields its lance,
a thousand theoretical shadows, raised on the plain,
transcribed the image of a ponderous dream of mine.

The glory of the sunset was a purple mirror,
was a crystal of flame casting into the old infinite
the grave dreaming on the vast plain…
And I felt the sonorous spur of my step
reverberating far in the bloody sunset,
and, farther on, the lively song of pure dawn.

XVIII

(EL POETA)

> Para el libro *La casa de la primavera*,
> de Gregorio Martínez Sierra.

Maldiciendo su destino
como Glauco, el dios marino,
mira, turbia la pupila
de llanto, el mar, que le debe su blanca virgen Scyla.

Él sabe que un Dios más fuerte
con la sustancia inmortal está jugando a la muerte,
cual niño bárbaro. Él piensa
que ha de caer como rama que sobre las aguas flota,
antes de perderse, gota
de mar, en la mar inmensa.

En sueños oyó el acento de una palabra divina;
en sueños se le ha mostrado la cruda ley diamantina,
sin odio ni amor, y el frío
soplo del olvido sabe sobre un arenal de hastío.

Bajo las palmeras del oasis el agua buena
miró brotar de la arena;
y se abrevó entre las dulces gacelas, y entre los fieros
animales carniceros...

Y supo cuánto es la vida hecha de sed y dolor.
Y fue compasivo para el ciervo y el cazador,
para el ladrón y el robado,
para el pájaro azorado,
para el sanguinario azor.

Con el sabio amargo dijo: Vanidad de vanidades,
todo es negra vanidad;
y oyó otra voz que clamaba, alma de sus soledades:
solo eres tú, luz que fulges en el corazón, verdad.

XVIII

(THE POET)

> For the book *The House of Spring*,
> by Gregorio Martínez Sierra.

He curses his destiny
like Glaucus the sea god;
his sight blurred with weeping,
he looks at the sea that owes him his white virgin Scylla.

He knows that a stronger god—
like a barbarous boy—is playing death-games
with immortal substance. He thinks
he must fall like a branch that floats on the waters
before disappearing, himself a drop
of water, into the immense sea.

In dreams he heard the accent of a divine word;
in dreams, without love or hate,
he learned the crude adamantine law, and he knows
the cold gust of oblivion over the sands of tedium.

Beneath the palm trees of the oasis he saw the good water
welling up out of the sand;
and he drank amid the delicate gazelles and the fierce
carnivores…

And he learned that life consists of thirst and pain.
And he had compassion for the deer and the hunter,
for the thief and his victim,
for the harried bird,
for the bloodthirsty hawk.

With the bitter sage, he said, 'Vanity of vanities,
all is black vanity.'
And he heard another voice cry out, the soul of his solitudes,
'Only you are truth, light that shines in my heart.'

        Y viendo cómo lucían
    miles de blancas estrellas,
    pensaba que todas ellas
    en su corazón ardían.

    ¡Noche de amor!
                    Y otra noche
    sintió la mala tristeza
    que enturbia la pura llama,
    y el corazón que bosteza,
    y el histrión que declama.

        Y dijo: Las galerías
    del alma que espera están
    desiertas, mudas, vacías:
    las blancas sombras se van.

   Y el demonio de los sueños abrió el jardín encantado
del ayer. ¡Cuán bello era!
¡Qué hermosamente el pasado
fingía la primavera,
cuando del árbol de otoño estaba el fruto colgado,
mísero fruto podrido,
que en el hueco acibarado
guarda el gusano escondido!

   ¡Alma, que en vano quisiste ser más joven cada día,
arranca tu flor, la humilde flor de la melancolía!

And watching the brightness
of thousands of white stars,
he thought they all
blazed in his heart.

Night of love!
                And another night
he felt the evil grief
that obscures the pure flame,
and the yawning heart,
and the declaiming actor.

And he said, 'The galleries
of the waiting soul are
deserted, silent, empty—
the white shadows are receding.'

And the demon of dreams unlocked the enchanted garden
of yesteryear. How beautiful it was!
How beautifully the past
feigned the Spring,
when from autumn's tree hung the fruit,
the wretched putrid fruit
that hides the worm
in its acrid hollow!

Soul, vainly yearning to be younger each day,
pluck up your flower, the humble flower of melancholy!

XIX

¡Verdes jardinillos,
claras plazoletas,
fuente verdinosa
donde el agua sueña,
donde el agua muda
resbala en la piedra!...

Las hojas de un verde
mustio, casi negras,
de la acacia, el viento
de septiembre besa,
y se lleva algunas
amarillas, secas,
jugando, entre el polvo
blanco de la tierra.

Linda doncellita,
que el cántaro llenas
de agua transparente,
tú, al verme, no llevas
a los negros bucles
de tu cabellera,
distraídamente,
la mano morena,
ni, luego, en el limpio
cristal te contemplas...

Tú miras al aire
de la tarde bella,
mientras de agua clara
el cántaro llenas.

XIX

Small green gardens,
small bright squares,
greenish fountain
where the water dreams,
where the silent water
slides over stone…

The wind of September
kisses the wilted green,
near-black leaves
of the acacia,
and bears some off
yellow, dry,
frolicking amid the earth's
white dust.

Pretty little girl
filling the jug
with transparent water,
you, on seeing me, don't lift
distractedly
your brown hand
to the black curls
of your long hair;
nor, later, in the clear crystal
do you contemplate yourself…

You look at the air
of the lovely evening
as you fill the jug
with clear water.

Del camino

About the Road

XX

(PRELUDIO)

    Mientras la sombra pasa de un santo amor, hoy quiero
poner un dulce salmo sobre mi viejo atril.
Acordaré las notas del órgano severo
al suspirar fragante del pífano de abril.

    Madurarán su aroma las pomas otoñales,
la mirra y el incienso salmodiarán su olor;
exhalarán su fresco perfume los rosales,
bajo la paz en sombra del tibio huerto en flor.

    Al grave acorde lento de música y aroma,
la sola y vieja y noble razón de mi rezar
levantará su vuelo süave de paloma,
y la palabra blanca se elevará al altar.

XX

(PRELUDE)

Today, while the shade of a holy love is passing by,
I wish to place a sweet psalm on my old music stand.
I will tune the notes of the stern organ
to the fragrant breath of April's fife.

The autumn apples will ripen their aroma,
myrrh and incense will chant their odour,
the rosebushes will exhale their sweet perfume
in the shady peace of the tepid garden in blossom.

To the slow, ponderous harmony of music and perfume
the one noble long purpose of my prayers
will gently take flight like a dove,
and the white word will be canonised.

XXI

Daba el reloj las doce... y eran doce
golpes de azada en tierra...
... ¡Mi hora!—grité—... El silencio
me respondió: —No temas;
tú no verás caer la última gota
que en la clepsidra tiembla.

Dormirás muchas horas todavía
sobre la orilla vieja,
y encontrarás una mañana pura
amarrada tu barca a otra ribera.

XXI

The clock struck twelve...
twelve beats of a spade on earth...
'My time is come!' I shouted. Silence
answered me, 'Do not fear;
you will not see the fall of the last drop
now trembling in the water-clock.

On the old shore
you will still sleep many an hour,
and you will find on a clear morning
your boat moored to another shore.'

XXII

Sobre la tierra amarga,
caminos tiene el sueño
laberínticos, sendas tortuosas,
parques en flor y en sombra y en silencio;

criptas hondas, escalas sobre estrellas;
retablos de esperanzas y recuerdos.
Figurillas que pasan y sonríen
—juguetes melancólicos de viejo—;

imágenes amigas,
a la vuelta florida del sendero,
y quimeras rosadas
que hacen camino... lejos...

XXII

On the bitter earth
the dream has labyrinthine
ways, tortuous paths,
parks in blossom, in shadow, in silence;

deep crypts, ladders to stars,
puppet-shows of hopes and memories.
Tiny figures smiling as they pass—
an old man's melancholy toys;

friendly images
around the flowery corner of the path,
and rosy chimeras
on their way… into the distance…

XXIII

En la desnuda tierra del camino
la hora florida brota,
espino solitario,
del valle humilde en la revuelta umbrosa.

El salmo verdadero
de tenue voz hoy torna
al corazón, y al labio,
la palabra quebrada y temblorosa.

Mis viejos mares duermen; se apagaron
sus espumas sonoras
sobre la playa estéril. La tormenta
camina lejos en la nube torva.

Vuelve la paz al cielo;
la brisa tutelar esparce aromas
otra vez sobre el campo, y aparece,
en la bendita soledad, tu sombra.

XXIII

On the road's bare earth
the blossoming hour sprouts,
a solitary hawthorn
in the shady bend of the humble valley.

The true psalm
of delicate voice today gives back,
to the heart and to the lip,
the broken and trembling word.

My old seas sleep. On the barren beach
their sonorous surf
ceased. The storm
journeys far in the grim cloud.

Peace returns to the sky.
The tutelary breeze scatters scents
across the land again, and, in the blessed
solitude, your shadow appears.

XXIV

El sol es un globo de fuego,
la luna es un disco morado.

Una blanca paloma se posa
en el alto ciprés centenario.

Los cuadros de mirtos parecen
de marchito velludo empolvado.

¡El jardín y la tarde tranquila!...
Suena el agua en la fuente de mármol.

XXIV

The sun is a ball of fire,
the moon a purple disc.

A white dove alights
in the high centenarian cypress.

The patches of myrtle seem
of a withered powdery velvet.

The garden and the peaceful evening!
The water sounds in the marble fountain.

XXV

¡Tenue rumor de túnicas que pasan
sobre la infértil tierra!...
¡Y lágrimas sonoras
de las campanas viejas!

Las ascuas mortecinas
del horizonte humean...
Blancos fantasmas lares
van encendiendo estrellas.

—Abre el balcón. La hora
de una ilusión se acerca...
La tarde se ha dormido
y las campanas sueñan.

XXV

Delicate rustle of tunics
over the barren earth…
And the sonorous weeping
of the old bells.

The dying embers
of the horizon smoulder…
White household spectres
kindling stars.

'Open the balcony window.
The hour of rapture approaches…
The evening is fast asleep
and the bells are dreaming.'

XXVI

¡Oh figuras del atrio, más humildes
cada día y lejanas:
mendigos harapientos
sobre marmóreas gradas;

miserables ungidos
de eternidades santas,
manos que surgen de los mantos viejos
y de las rotas capas!

¿Pasó por vuestro lado
una ilusión velada,
de la mañana luminosa y fría
en las horas más plácidas?...

Sobre la negra túnica, su mano
era una rosa blanca...

XXVI

O figures of the church porch, each day
more humble and distant—
ragged beggars
on the marble steps;

wretched consecrates
of blessed eternities,
hands that rise from worn-out cloaks
and torn capes!

Did a veiled elation
pass by your side
in the most tranquil hours
of the bright cold morning?

On the black tunic, the hand
was a white rose.

XXVII

La tarde todavía
dará incienso de oro a tu plegaria,
y quizás el cenit de un nuevo día
amenguará tu sombra solitaria.

Mas no es tu fiesta el Ultramar lejano,
sino la ermita junto al manso río;
no tu sandalia el soñoliento llano
pisará, ni la arena del hastío.

Muy cerca está, romero,
la tierra verde y santa y florecida
de tus sueños; muy cerca, peregrino
que desdeñas la sombra del sendero
y el agua del mesón en tu camino.

XXVII

Still the evening
will lend golden incense to your prayer,
and perhaps the zenith of a new day
will shorten your solitary shadow.

Your merrymaking, though, is not a distant shore,
but the hermitage beside the slow river;
your sandal will not tread the drowsy plain
or the sand of tedium.

Pilgrim, it is very near,
the land of your dreams, green, holy,
in blossom; very close, wanderer—
you who scorn the shade of the path
and, on your way, the water of the inn.

XXVIII

    Crear fiestas de amores
en nuestro amor pensamos,
quemar nuevos aromas
en montes no pisados,

    y guardar el secreto
de nuestros rostros pálidos,
porque en las bacanales de la vida
vacías nuestras copas conservamos,

    mientras con eco de cristal y espuma
ríen los zumos de la vid dorados.

....

    Un pájaro escondido entre las ramas
del parque solitario,
silba burlón...
               Nosotros exprimimos
la penumbra de un sueño en nuestro vaso...
Y algo, que es tierra en nuestra carne, siente
la humedad del jardín como un halago.

XXVIII

We fancy, now that we are in love,
we create festivals of love,
and on untrodden hills
we'll let fresh spices burn,

and we'll conceal, too,
the pallor in our visages,
we whose cups stay empty
at life's bacchanals,

while with clinking glasses and foam
the vine's golden juices laugh.

....

A bird hidden among the branches
of the solitary park
whistles mockery…
                              We squeeze
the penumbra of a dream into our glass…
And something, the earth in our flesh, feels
the dampness of the garden like praise.

XXIX

Arde en tus ojos un misterio, virgen
esquiva y compañera.

No sé si es odio o es amor la lumbre
inagotable de tu aljaba negra.

Conmigo irás mientras proyecte sombra
mi cuerpo y quede a mi sandalia arena.

—¿Eres la sed o el agua en mi camino?
Dime, virgen esquiva y compañera.

XXIX

A mystery burns in your eyes,
elusive maiden, my companion.

I do not know if the inexhaustible fire
of your black quiver is hate or love.

You'll go with me while my body casts a shadow
and there is sand left to walk upon.

'Are you the thirst or the water on my journey?'
Tell me, elusive maiden, my companion.

XXX

    Algunos lienzos del recuerdo tienen
luz de jardín y soledad de campo;
la placidez del sueño
en el paisaje familiar soñado.

    Otros guardan las fiestas
de días aún lejanos;
figurillas sutiles
que pone un titerero en su retablo...

....

    Ante el balcón florido,
está la cita de un amor amargo.

    Brilla la tarde en el resol bermejo...
La hiedra efunde de los muros blancos...

    A la revuelta de una calle en sombra,
un fantasma irrisorio besa un nardo.

XXX

Some canvasses of memory have
garden light and country solitude;
the tranquillity of dream
in the dreamt-of, familiar place.

Others observe feasts
of days still distant;
tiny subtle figures
set on stage by a puppeteer…

....

Before the balcony in blossom
a bitter love's rendezvous.

The evening shines in the sun's crimson glare…
The ivy pours from the white walls…

At the turn of a street in shade
a ridiculous apparition kisses a nard.

XXXI

    Crece en la plaza en sombra
el musgo, y en la piedra vieja y santa
de la iglesia. En el atrio hay un mendigo...
Más vieja que la iglesia tiene el alma.

    Sube muy lento, en las mañanas frías,
por la marmórea grada,
hasta un rincón de piedra... Allí aparece
su mano seca entre la rota capa.

    Con las órbitas huecas de sus ojos
ha visto cómo pasan
las blancas sombras, en los claros días,
las blancas sombras de las horas santas.

XXXI

The moss grows in the shady
square and on the church's old
and holy stone. In the porch, a beggar…
His soul is older than the church.

In the cold mornings he climbs very slowly
along the marble steps
till he reaches a stone nook… There his withered
hand appears within the folds of his cloak.

With the hollow sockets of his eyes
he has seen how, on clear days,
the white shadows pass,
the white shadows of holy hours.

XXXII

    Las ascuas de un crepúsculo morado
detrás del negro cipresal humean...
En la glorieta en sombra está la fuente
con su alado y desnudo Amor de piedra,
que sueña mudo. En la marmórea taza
reposa el agua muerta.

XXXII

The embers of a purple twilight
smoulder behind the black cypress grove…
In a shady bower, the fountain
with its stone Cupid, winged and naked,
dreaming in silence. In the marble cup
lies dead water.

XXXIII

¿Mi amor?... ¿Recuerdas, dime,
aquellos juncos tiernos,
lánguidos y amarillos
que hay en el cauce seco?...

¿Recuerdas la amapola
que calcinó el verano,
la amapola marchita,
negro crespón del campo?...

¿Te acuerdas del sol yerto
y humilde, en la mañana,
que brilla y tiembla roto
sobre una fuente helada?...

XXXIII

My love?… Tell me, do you recall
those delicate reeds
drooping and yellow
on the dried-up river bed?

Do you remember
the summer-parched poppy,
the withered poppy,
the country's black crepe?

Do you recall the morning
sun, meagre and lifeless,
shining and trembling, broken
over a frozen fountain?

XXXIV

Me dijo un alba de la primavera:
Yo florecí en tu corazón sombrío
ha muchos años, caminante viejo
que no cortas las flores del camino.

Tu corazón de sombra, ¿acaso guarda
el viejo aroma de mis viejos lirios?
¿Perfuman aún mis rosas la alba frente
del hada de tu sueño adamantino?

Respondí a la mañana:
Solo tienen cristal los sueños míos.
Yo no conozco el hada de mis sueños;
ni sé si está mi corazón florido.

Pero si aguardas la mañana pura
que ha de romper el vaso cristalino,
quizás el hada te dará tus rosas,
mi corazón tus lirios.

XXXIV

A Spring dawn said to me,
'Many years ago I flowered
in your gloomy heart, old traveller,
you who do not pluck the roadside flowers.

Your shadowy heart, does it perhaps preserve
the old aroma of my old purple irises?
Do my roses still perfume the white brow
of the fairy in your adamantine dream?'

I answered the morning,
'My dreams are only crystal;
I do not know the fairy of my dreams
nor if my heart's in flower.

But if you wait for the pure morning
that will shatter the crystal glass,
perhaps the fairy will give you your roses,
my heart your purple irises.'

XXXV

Al borde del sendero un día nos sentamos.
Ya nuestra vida es tiempo, y nuestra sola cuita
son las desesperantes posturas que tomamos
para aguardar… Mas Ella no faltará a la cita.

XXXV

At the edge of the path we sit down one day.
Then our life is time and our only grief
is the exasperating postures we assume
while waiting… But She will keep the rendezvous.

XXXVI

    Es una forma juvenil que un día
a nuestra casa llega.
Nosotros le decimos: ¿por qué tornas
a la morada vieja?
Ella abre la ventana, y todo el campo
en luz y aroma entra.
En el blanco sendero,
los troncos de los árboles negrean;
las hojas de sus copas
son humo verde que a lo lejos sueña.
Parece una laguna
el ancho río entre la blanca niebla
de la mañana. Por los montes cárdenos
camina otra quimera.

XXXVI

It is a youthful form that arrives
at our house one day.
We say to her, 'Why did you return
to this old dwelling?'
She opens the window and the whole countryside
enters in light and perfume.
On the white path
the tree-trunks darken;
their topmost leaves
are green smoke dreaming in the distance.
The wide river
seems a lake in the morning's
white mist. Along the purple mountains
another chimera journeys.

XXXVII

¡Oh, dime, noche amiga, amada vieja,
que me traes el retablo de mis sueños
siempre desierto y desolado, y solo
con mi fantasma dentro,
mi pobre sombra triste
sobre la estepa y bajo el sol de fuego,
o soñando amarguras
en las voces de todos los misterios,
dime, si sabes, vieja amada, dime
si son mías las lágrimas que vierto!
Me respondió la noche:
Jamás me revelaste tu secreto.
Yo nunca supe, amado,
si eras tú ese fantasma de tu sueño,
ni averigüé si era su voz la tuya,
o era la voz de un histrión grotesco.

Dije a la noche: Amada mentirosa,
tú sabes mi secreto;
tú has visto la honda gruta
donde fabrica su cristal mi sueño,
y sabes que mis lágrimas son mías,
y sabes mi dolor, mi dolor viejo.

¡Oh! Yo no sé, dijo la noche, amado,
yo no sé tu secreto,
aunque he visto vagar ese, que dices
desolado fantasma, por tu sueño.
Yo me asomo a las almas cuando lloran
y escucho su hondo rezo,
humilde y solitario,
ese que llamas salmo verdadero;
pero en las hondas bóvedas del alma
no sé si el llanto es una voz o un eco.

Para escuchar tu queja de tus labios
yo te busqué en tu sueño,
y allí te vi vagando en un borroso
laberinto de espejos.

XXXVII

'Tell me, friendly night, old beloved,
you who bring me my dreams' reredos
forever abandoned and desolate,
with only my ghost inside,
my poor sad shadow
on the steppe and under the fiery sun,
or dreaming sorrows
in the voices of all the mysteries;
tell me, old beloved, do you know
if the tears I shed are mine?'
The night answered me,
'You never told me your secret,
I never knew, beloved,
if you were that ghost in your dream
nor did I discover if its voice was yours
or that of a grotesque actor.'

I told the night, 'Deceitful beloved,
you know my secret;
you have seen the deep grotto
where my dream makes its crystal,
and you know my tears are my own,
and you know my sorrow, my old sorrow.'

'O I do not know, beloved,' said the night,
'I do not know your secret,
though I have seen, roaming through your
dreams, that desolate ghost you speak of.
I look into souls when they cry
and I hear their profound prayer,
humble and solitary,
which you call a true psalm;
but in the deep crypts of the soul
I do not know if weeping is a voice or an echo.

To hear your plaint from your own lips
I searched for you in your dream,
and there I saw you wandering in a blurred
labyrinth of mirrors.'

Canciones

Songs

XXXVIII

Abril florecía
frente a mi ventana.
Entre los jazmines
y las rosas blancas
de un balcón florido,
vi las dos hermanas.
La menor cosía,
la mayor hilaba...
Entre los jazmines
y las rosas blancas,
la más pequeñita,
risueña y rosada
—su aguja en el aire—,
miró a mi ventana.

La mayor seguía,
silenciosa y pálida,
el huso en su rueca
que el lino enroscaba.
Abril florecía
frente a mi ventana.

Una clara tarde
la mayor lloraba,
entre los jazmines
y las rosas blancas,
y ante el blanco lino
que en su rueca hilaba.
—¿Qué tienes—le dije—,
silenciosa pálida?
Señaló el vestido
que empezó la hermana.
En la negra túnica
la aguja brillaba;
sobre el blanco velo,
el dedal de plata.
Señaló a la tarde

XXXVIII

April was flowering
outside my window.
Amid the jasmine
and white roses
on a balcony full of flowers
I saw both sisters.
The younger one was sewing,
the older one spinning…
Amid the jasmine
and white roses,
the smaller one,
smiling and rosy—
her needle in the air—
looked at my window.

The older one followed,
silent and wan,
the distaff's spindle
winding the flax.
April was flowering
outside my window.

On a clear afternoon
the older one was crying,
amid the jasmine
and white roses,
and before the white flax
she was spinning on her distaff.
'What ails you?' I asked her,
'silence and wanness?'
She pointed to the garment
that her sister had began.
On the black gown
the needle was shining;
on the white veil
the silver thimble.
She pointed to the April

de abril que soñaba,
mientras que se oía
tañer de campanas.
Y en la clara tarde
me enseñó sus lágrimas…
Abril florecía
frente a mi ventana.

    Fue otro abril alegre
y otra tarde plácida.
El balcón florido
solitario estaba…
Ni la pequeñita
risueña y rosada,
ni la hermana triste,
silenciosa y pálida,
ni la negra túnica,
ni la toca blanca…
Tan solo en el huso
el lino giraba
por mano invisible,
y en la oscura sala
la luna del limpio
espejo brillaba…
Entre los jazmines
y las rosas blancas
del balcón florido,
me miré en la clara
luna del espejo
que lejos soñaba…
Abril florecía
frente a mi ventana.

dreamy afternoon,
while a pealing of bells
could be heard.
And in the clear afternoon
she showed me her tears…
April was flowering
outside my window.

It was another happy April,
another peaceful afternoon.
The balcony full of flowers
was solitary…
Neither the little one,
smiling and rosy,
nor her sad sister,
silent and wan,
nor the black gown
nor the white wimple…
Only on the spindle
the flax was being wound
by an invisible hand,
and in the dark room
the glass of the clear
mirror was shining…
Amid the jasmine
and the white roses
of the balcony full of flowers,
I saw myself in the clear
lunar glass of the mirror
that dreamt in the distance…
April was flowering
outside my window.

XXXIX

(COPLAS ELEGIACAS)

¡Ay del que llega sediento
a ver el agua correr,
y dice: la sed que siento
no me la calma el beber!

¡Ay de quien bebe y, saciada
la sed, desprecia la vida:
moneda al tahúr prestada,
que sea al azar rendida!

Del iluso que suspira
bajo el orden soberano,
y del que sueña la lira
pitagórica en su mano.

¡Ay del noble peregrino
que se para a meditar,
después de largo camino
en el horror de llegar!

¡Ay de la melancolía
que llorando se consuela,
y de la melomanía
de un corazón de zarzuela!

¡Ay de nuestro ruiseñor,
si en una noche serena
se cura del mal de amor
que llora y canta sin pena!

¡De los jardines secretos,
de los pensiles soñados,
y de los sueños poblados
de propósitos discretos!

XXXIX

(ELEGIAC STANZAS)

Woe to him who thirsts and comes
to see the coursing water,
and says, 'Drinking won't
quench the thirst I feel!'

Woe to whomever drinks and, thirst
satiated, despises life—
may a coin lent to the gambler
be given up to chance!

To him the dreamer who sighs
under the sovereign order,
and to him who fancies
the Pythagorean lyre in his hand!

Woe to the noble pilgrim
who stops to meditate,
after a lengthy journey,
on the dread of arriving!

Woe to the melancholy
that takes comfort in weeping,
and to the music lover
with an operetta heart!

Woe to our nightingale
if on a tranquil night
it is no longer lovesick,
a love it mourns and praises painlessly!

To the secret gardens,
to the dreamt-of lovely gardens,
and to the dreams full
of discrete intent!

¡Ay del galán sin fortuna
que ronda a la luna bella;
de cuantos caen de la luna,
de cuantos se marchan a ella!

¡De quien el fruto prendido
en la rama no alcanzó,
de quien el fruto ha mordido
y el gusto amargo probó!

¡Y de nuestro amor primero
y de su fe mal pagada,
y, también, del verdadero
amante de nuestra amada!

Woe to the luckless ladies' man
who courts the beautiful moon,
to so many who fall from the moon,
to so many who travel to it!

To him who couldn't reach
the fruit in its branch,
to him who has eaten the fruit
and has tasted its bitter flavour!

And to our first love
and to its unrequited faithfulness,
and, also, to the true
lover of our beloved!

XL

(INVENTARIO GALANTE)

    Tus ojos me recuerdan
las noches de verano,
negras noches sin luna,
orilla al mar salado,
y el chispear de estrellas
del cielo negro y bajo.
Tus ojos me recuerdan
las noches de verano.
Y tu morena carne,
los trigos requemados,
y el suspirar de fuego
de los maduros campos.

    Tu hermana es clara y débil
como los juncos lánguidos,
como los sauces tristes,
como los linos glaucos.
Tu hermana es un lucero
en el azul lejano...
Y es alba y aura fría
sobre los pobres álamos
que en las orillas tiemblan
del río humilde y manso.
Tu hermana es un lucero
en el azul lejano.

    De tu morena gracia,
de tu soñar gitano,
de tu mirar de sombra
quiero llenar mi vaso.
Me embriagaré una noche
de cielo negro y bajo,
para cantar contigo,
orilla al mar salado,
una canción que deje

XL

(GALLANT INVENTORY)

Your eyes remind me
of summer nights,
black moonless nights,
a shore of the salty sea,
and the sparkling of stars
from a low, black sky.
Your eyes remind me
of summer nights.
And your swarthy flesh
of the parched wheat,
and the fiery sighing
of the ripe fields.

Your sister is clear and weak
like languid reeds,
like sad willows,
like glaucous linen flax.
Your sister is a bright star
in the distant sky…
And she's dawn and cold wind
on the poor poplars
that shiver on the banks
of the humble and gentle river.
Your sister is a bright star
in the distant sky.

With your swarthy grace,
with your gypsy dreaming,
with your shadowy gaze
I want to fill my glass.
I will get drunk on a night
of black and low sky,
to sing with you,
the shore on the salty sea,
a song that may leave

cenizas en los labios...
De tu mirar de sombra
quiero llenar mi vaso.

   Para tu linda hermana
arrancaré los ramos
de florecillas nuevas
a los almendros blancos,
en un tranquilo y triste
alborear de marzo.
Los regaré con agua
de los arroyos claros,
los ataré con verdes
junquillos del remanso...
Para tu linda hermana
yo haré un ramito blanco.

ashes on my lips…
With your shadowy gaze
I want to fill my glass.

For your lovely sister
I will pluck bunches
of new florets
from white almond trees,
on a peaceful and sad
March dawning.
I will water them
with the water of clear streams,
I will bind them with the little
green reeds of the pool…
For your lovely sister
I will make a little white bouquet.

XLI

　　Me dijo una tarde
de la primavera:
Si buscas caminos
en flor en la tierra,
mata tus palabras
y oye tu alma vieja.
Que el mismo albo lino
que te vista, sea
tu traje de duelo,
tu traje de fiesta.
Ama tu alegría
y ama tu tristeza,
si buscas caminos
en flor en la tierra.
Respondí a la tarde
de la primavera:
Tú has dicho el secreto
que en mi alma reza:
yo odio la alegría
por odio a la pena.
Mas antes que pise
tu florida senda,
quisiera traerte
muerta mi alma vieja.

XLI

A Spring evening
said to me,
'If you are seeking flowered
pathways on the earth,
kill your words
and listen to your old soul.
Let the same white linen
that clothes you be
your mourning suit,
your festival suit.
Love your own joy
and love your sadness,
if you are seeking flowered
pathways on the earth,'
I replied to the Spring
evening,
'You have told the secret
that says in my soul,
"I hate joy
for I hate pain."
But before I tread
your path in blossom,
I'd like to bring you
my old soul, dead.'

XLII

    La vida hoy tiene ritmo
de ondas que pasan,
de olitas temblorosas
que fluyen y se alcanzan.

    La vida hoy tiene el ritmo de los ríos,
la risa de las aguas
que entre los verdes junquerales corren,
y entre las verdes cañas.

    Sueño florido lleva el manso viento;
bulle la savia joven en las nuevas ramas;
tiemblan alas y frondas,
y la mirada sagital del águila
no encuentra presa… Treme el campo en sueños,
vibra el sol como un arpa.

    ¡Fugitiva ilusión de ojos guerreros,
que por las selvas pasas
a la hora del cenit: tiemble en mi pecho
el oro de tu aljaba!

    En tus labios florece la alegría
de los campos en flor; tu veste alada
aroman las primeras velloritas,
las violetas perfuman tus sandalias.

    Yo he seguido tus pasos en el viejo bosque,
arrebatados tras la corza rápida,
y los ágiles músculos rosados
de tus piernas silvestres entre verdes ramas.

    ¡Pasajera ilusión de ojos guerreros
que por las selvas pasas
cuando la tierra reverdece y ríen
los ríos en las cañas!
¡Tiemble en mi pecho el oro
que llevas en tu aljaba!

XLII

Today life has the rhythm
of passing billows,
of trembling little waves
that flow into each other.

Today life has the rhythm of rivers,
the laughter of waters
that course amid green reeds
and amid green canes.

The gentle wind bears a dream in flower;
young sap stirs in the new branches;
wings and foliage tremble,
and the arrow gaze of the eagle
finds no prey… The country trembles in dreams,
the sun vibrates like a harp.

Fleeting illusion with warrior eyes,
you pass through the woods
at the zenith hour: may the gold
of your quiver tremble in my breast!

The joy of the blossoming fields
flowers on your lips; the first daisies
perfume your winged raiment,
the violets scent your sandals.

I've followed your footsteps in the old wood,
enchanted after the swift roe deer,
and the rosy agile muscles
of your sylvan feet amid green branches.

Fleeting illusion with warrior eyes
passing through the woods
when the earth grows green again
and the rivers laugh in the reeds!
May the gold you bear in your quiver
tremble in my breast!

XLIII

　Era una mañana y abril sonreía.
Frente al horizonte dorado moría
la luna, muy blanca y opaca; tras ella,
cual tenue ligera quimera, corría
la nube que apenas enturbia una estrella.

．．．

　Como sonreía la rosa mañana
al sol del oriente abrí mi ventana;
y en mi triste alcoba penetró el oriente
en canto de alondras, en risa de fuente
y en suave perfume de flora temprana.

　Fue una clara tarde de melancolía.
Abril sonreía. Yo abrí las ventanas
de mi casa al viento… El viento traía
perfume de rosas, doblar de campanas…

　Doblar de campanas lejanas, llorosas,
süave de rosas aromado aliento…
… ¿Dónde están los huertos floridos de rosas?
¿Qué dicen las dulces campanas al viento?

．．．

　Pregunté a la tarde de abril que moría:
¿Al fin la alegría se acerca a mi casa?
La tarde de abril sonrió: La alegría
pasó por tu puerta—y luego, sombría:—
Pasó por tu puerta. Dos veces no pasa.

XLIII

It was morning and April was smiling.
In front of the gilt horizon the moon
was declining, very white and opaque; behind it
like a gentle tenuous chimera, this cloud
raced scarcely disturbing a star.

....

Since the pink morning smiled,
I opened my window to the eastern sun;
and in my sad alcove the east wind entered
as the song of larks and the fountain's laughter
and as the gentle aroma of early blossom.

It was a clear afternoon of melancholy.
April was smiling. I opened the windows
of my house to the wind… The wind bore
the perfume of roses, the pealing of bells…

The pealing of bells, distant, tearful,
the gentle scented breath of roses…
Where are the blossoming rose gardens?
What do the sweet bells say to the wind?

....

I asked the declining April afternoon,
'Is joy finally approaching my house?'
The April afternoon smiled, 'Joy
passed by your door'—and then, gloomy,
'It passed by your door. It won't pass twice.'

XLIV

    El casco roído y verdoso
del viejo falucho
reposa en la arena…
la vela tronchada parece
que aún sueña en el sol y en el mar.

    El mar hierve y canta…
El mar es un sueño sonoro
bajo el sol de abril.
El mar hierve y ríe
con olas azules y espumas de leche y de plata,
el mar hierve y ríe
bajo el cielo azul.
El mar lactescente,
el mar rutilante,
que ríe en sus liras de plata sus risas azules…
¡Hierve y ríe el mar!…

    El aire parece que duerme encantado
en la fúlgida niebla de sol blanquecino.
La gaviota palpita en el aire dormido, y al lento
volar soñoliento, se aleja y se pierde en la bruma del sol.

XLIV

The corroded and greenish hull
of the old felucca
lies on the sand…
The lopped-off sail seems
to be still dreaming at the sun and in the sea.

The sea boils and sings…
The sea is a sonorous dream
under the April sun.
The sea boils and laughs
with blue waves and milky silver foam,
the sea boils and laughs
under the blue sky.
The milk-like sea,
the sparkling sea
that laughs with its silvery lyres and blue laughter…
The sea boils and laughs!

The air seems to sleep enchanted
in the shining mist of a whitish sun.
The sea-gull pulses in the sleepy air, and slowly
flying, somnolent, moves off and drifts into the sun's haze.

XLV

    El sueño bajo el sol que aturde y ciega,
tórrido sueño en la hora de arrebol;
el río luminoso el aire surca;
esplende la montaña;
la tarde es polvo y sol.

    El sibilante caracol del viento
ronco dormita en el remoto alcor;
emerge el sueño ingrave en la palmera,
luego se enciende en el naranjo en flor.

    La estúpida cigüeña
su garabato escribe en el sopor
del molino parado; el toro abate
sobre la hierba la testuz feroz.

    La verde, quieta espuma del ramaje
efunde sobre el blanco paredón,
lejano, inerte, del jardín sombrío,
dormido bajo el cielo fanfarrón.

....

    Lejos, enfrente de la tarde roja,
refulge el ventanal del torreón.

....

XLV

The dream under the stunning and blinding sun,
a torrid dream at the afterglow hour;
the luminous river flies through the air;
the mountain shines;
the afternoon is dust and sun.

The sibilant snail of the hoarse
wind sleeps on the remote hillock;
the weightless dream emerges from the palm-tree,
then lights up in the blossoming orange tree.

The silly stork
scribbles in the torpor
of the stopped windmill; the bull lowers
its fierce nape onto the grass.

The green, quiet foam of the branches
pours out on the white stone wall,
distant, inert, of the shady garden,
asleep under the flashy sky.

....

Far away, facing the red evening,
the tower's large window shines out.

....

Humorismos, fantasías, apuntes

Humour, Fantasies, Sketches

Los grandes inventos

XLVI

(LA NORIA)

La tarde caía
triste y polvorienta.

El agua cantaba
su copla plebeya
en los cangilones
de la noria lenta.

Soñaba la mula
¡pobre mula vieja!
al compás de sombra
que en el agua suena.

La tarde caía
triste y polvorienta.

Yo no sé qué noble,
divino poeta,
unió a la amargura
de la eterna rueda

la dulce armonía
del agua que sueña,
y vendó tus ojos,
¡pobre mula vieja!...

Mas sé que fue un noble,
divino poeta,
corazón maduro
de sombra y de ciencia.

The Greatest Inventions

XLVI

(THE WATERWHEEL)

The night was falling
sad and dusty.

In the buckets
of the slow waterwheel
the water was singing
its popular song.

The mule was dreaming—
poor old mule!—
to the shady beat
that sounds in the water.

The night was falling
sad and dusty.

I don't know what noble,
divine poet,
joined the bitterness
of the eternal wheel

the sweet harmony
of the dreaming water,
and blindfolded you,
poor old mule!

But I'm sure it was a noble,
divine poet,
a heart ripe
with shade and knowledge.

XLVII

(EL CADALSO)

La aurora asomaba
lejana y siniestra.

El lienzo de Oriente
sangraba tragedias,
pintarrajeadas
con nubes grotescas.

....

En la vieja plaza
de una vieja aldea,
erguía su horrible
pavura esquelética
el tosco patíbulo
de fresca madera…

La aurora asomaba
lejana y siniestra.

XLVII

(THE GALLOWS)

Dawn was breaking
distant and fateful.

The Eastern canvas
was bleeding tragedies
daubed
with grotesque clouds.

....

In the old square
of an old hamlet
the crude scaffold
of new wood
raised its horrific
skeletal terror…

Dawn was breaking
distant and fateful.

XLVIII

(LAS MOSCAS)

Vosotras, las familiares,
inevitables golosas,
vosotras, moscas vulgares,
me evocáis todas las cosas.

¡Oh, viejas moscas voraces
como abejas en abril,
viejas moscas pertinaces
sobre mi calva infantil!

¡Moscas del primer hastío
en el salón familiar,
las claras tardes de estío
en que yo empecé a soñar!

Y en la aborrecida escuela,
raudas moscas divertidas,
perseguidas
por amor de lo que vuela,

—que todo es volar— sonoras,
rebotando en los cristales
en los días otoñales...
Moscas de todas las horas,

de infancia y adolescencia,
de mi juventud dorada;
de esta segunda inocencia,
que da en no creer en nada,

de siempre... Moscas vulgares,
que de puro familiares
no tendréis digno cantor:
yo sé que os habéis posado

XLVIII

(THE FLIES)

You, the familiar,
unavoidable gluttons,
you, common houseflies,
remind me of everything.

O, old flies, voracious
as bees in April,
old flies, persistent
on my childhood bald head!

Flies of my first tedium
in the family room,
the clear summer afternoons
when I began to dream!

And in the loathsome school
swift and fun flies,
chased
for our love of flying—

for everything is flight—loud,
bouncing off the windows
in autumn days…
Flies of all times,

of childhood and adolescence,
of my golden youth,
of this second innocence
that believes in nothing,

of always… Common houseflies,
so very familiar
you'll have no worthy singer:
I know you have alighted

sobre el juguete encantado,
sobre el librote cerrado,
sobre la carta de amor,
sobre los párpados yertos
de los muertos.

   Inevitables golosas,
que ni labráis como abejas,
ni brilláis cual mariposas;
pequeñitas, revoltosas,
vosotras, amigas viejas,
me evocáis todas las cosas.

on the enchanted toy,
on the closed big book,
on the love letter,
on the frozen stiff eyelids
of the dead.

Unavoidable gluttons,
you neither work like bees
nor shine like butterflies;
tiny, unruly,
you, old friends,
remind me of everything.

XLIX

(ELEGÍA DE UN MADRIGAL)

   Recuerdo que una tarde de soledad y hastío,
¡oh tarde como tantas!, el alma mía era,
bajo el azul monótono, un ancho y terso río
que ni tenía un pobre juncal en su ribera.

   ¡Oh mundo sin encanto, sentimental inopia
que borra el misterioso azogue del cristal!
¡Oh el alma sin amores que el Universo copia
con un irremediable bostezo universal!

   *   *   *

   Quiso el poeta recordar a solas,
las ondas bien amadas, la luz de los cabellos
que él llamaba en sus rimas rubias olas.
Leyó... La letra mata: no se acordaba de ellos...

   Y un día —como tantos— al aspirar un día
aromas de una rosa que en el rosal se abría,
brotó como una llama la luz de los cabellos
que él en sus madrigales llamaba rubias olas,
brotó porque un aroma igual tuvieron ellos...
Y se alejó en silencio para llorar a solas.

                                       (1907)

XLIX

(MADRIGAL ELEGY)

I recall an afternoon of solitude and tedium—
any given afternoon—my soul was,
under the dreary sky, a river, wide and clear,
without a miserable reed on its bank.

O charmless world, sentimental indigence
that erases the mysterious quicksilver from the glass!
O the loveless soul copied by the Universe
with an inevitable universal yawn!

* * *

The poet wished to remember on his own
the well-loved ripples, the light from her hair
that he called blond waves in his verse.
He read… Words kill: he didn't remember it…

And one day—any given day—breathing in
the scent of a rose opening in its bush,
there leaped like a flame the light from her hair
that he called blond waves in his madrigals,
there it leaped, because her hair had a like scent…
And he quietly walked away to cry on his own.

(1907)

L

(ACASO...)

Como atento no más a mi quimera
no reparaba en torno mío, un día
me sorprendió la fértil primavera
que en todo el ancho campo sonreía.

Brotaban verdes hojas
de las hinchadas yemas del ramaje,
y flores amarillas, blancas, rojas,
alegraban la mancha del paisaje.

Y era una lluvia de saetas de oro
el sol sobre las frondas juveniles;
del amplio río en el caudal sonoro
se miraban los álamos gentiles.

Tras de tanto camino es la primera
vez que miro brotar la primavera,
dije, y después, declamatoriamente:

—¡Cuán tarde ya para la dicha mía!—
Y luego, al caminar, como quien siente
alas de otra ilusión: —Y todavía
¡yo alcanzaré mi juventud un día!

L

(PERHAPS…)

I was focused only on my illusions,
unaware of my surroundings, so one day
I was caught by surprise—the fertile Spring
was smiling all around the wide countryside.

Green leaves were sprouting
from plump buds in their branches;
yellow, white and red flowers
brightened up the painted landscape.

And it was a rain of golden arrows,
the sun on the young foliage;
in the sonorous water of the wide river
the courteous poplars looked at themselves.

'After so much walking it's the first
time I've seen the Spring come out,'
I said, and then, reciting,

'How very late now for my happiness!'
And then, walking on, as if feeling
the wings of another illusion, 'And yet,
I will reach my youth some day!'

LI

(JARDÍN)

Lejos de tu jardín quema la tarde
inciensos de oro en purpurinas llamas,
tras el bosque de cobre y de ceniza.
En tu jardín hay dalias.
¡Malhaya tu jardín!... Hoy me parece
la obra de un peluquero,
con esa pobre palmerilla enana,
y ese cuadro de mirtos recortados...
y el naranjito en su tonel... El agua
de la fuente de piedra
no cesa de reír sobre la concha blanca.

LI

(GARDEN)

Far from your garden the evening
burns golden incense into purple flames,
beyond the forest of copper and ash.
There are dahlias in your garden.
Your garden be damned! Today it seems
the work of a hairdresser,
with that poor little dwarf fan palm,
and that patch of trimmed myrtles…
and the little orange tree in a barrel… The water
from the stone fountain
keeps laughing on the white shell.

LII

(FANTASÍA DE UNA NOCHE DE ABRIL)

¿Sevilla?... ¿Granada?... La noche de luna.
Angosta la calle, revuelta y moruna,
de blancas paredes y oscuras ventanas.
Cerrados postigos, corridas persianas...
El cielo vestía su gasa de abril.

Un vino risueño me dijo el camino.
Yo escucho los áureos consejos del vino,
que el vino es a veces escala de ensueño.
Abril y la noche y el vino risueño
cantaron en coro su salmo de amor.

La calle copiaba, con sombra en el muro,
el paso fantasma y el sueño maduro
de apuesto embozado, galán caballero:
espada tendida, calado sombrero...
La luna vertía su blanco soñar.

Como un laberinto mi sueño torcía
de calle en calleja. Mi sombra seguía
de aquel laberinto la sierpe encantada,
en pos de una oculta plazuela cerrada.
La luna lloraba su dulce blancor.

La casa y la clara ventana florida,
de blancos jazmines y nardos prendida,
más blancos que el blanco soñar de la luna...
—Señora, la hora, tal vez importuna...
¿Que espere? (La dueña se lleva el candil).

Ya sé que sería quimera, señora,
mi sombra galante buscando a la aurora
en noches de estrellas y luna, si fuera
mentira la blanca nocturna quimera
que usurpa a la luna su trono de luz.

LII

(AN APRIL NIGHT'S FANTASY)

Seville? Granada? The full moon.
The street, narrow, restless and Moorish,
with white walls and dark windows.
The shutters closed, the roller blinds down…
The sky was dressed in its April gauze.

A cheerful wine told me the way.
I listen to the gold advice of wine,
for wine is often a ladder to daydream.
April and the night and the cheerful wine
in unison sang their psalm of love.

The street imitated, with shady walls,
the ghost-like step and ripe dream
of a handsome, cloaked, gallant gentleman—
sword brandished, hat pulled down…
The moon was wearing its white dreaming.

Like a maze my dream turned
from streets to alleys. My shadow followed
the enchanted snake in that maze,
in pursuit of a closed, hidden small square.
The moon was weeping its sweet whiteness.

The house and bright window full of flowers,
pinned with white jasmines and tuberoses,
whiter than the moon's white dreaming…
'Perhaps, milady, this is not the right time…
Should I wait? (The lady takes the lamp away.)

I know it would be a pipe dream, milady,
that my gallant shadow looked for the dawn
in starry nights with a full moon, if it were
untrue the white night illusion
that usurps the moon's throne of light.

¡Oh dulce señora, más cándida y bella
que la solitaria matutina estrella
tan clara en el cielo! ¿Por qué silenciosa
oís mi nocturna querella amorosa?
¿Quién hizo, señora, cristal vuestra voz?...

La blanca quimera parece que sueña.
Acecha en la oscura estancia la dueña.
—Señora, si acaso otra sombra, emboscada
teméis, en la sombra, fiad en mi espada...
Mi espada se ha visto a la luna brillar.

¿Acaso os parece mi gesto anacrónico?
El vuestro es, señora, sobrado lacónico.
¿Acaso os asombra mi sombra embozada,
de espada tendida y toca plumada?...
¿Seréis la cautiva del moro Gazul?...

Dijéraislo, y pronto mi amor os diría
el son de mi guzla y la algarabía
más dulce que oyera ventana moruna.
Mi guzla os dijera la noche de luna,
la noche de cándida luna de abril.

Dijera la clara cantiga de plata
del patio moruno, y la serenata
que lleva el aroma de floridas preces
a los miradores y a los ajimeces,
los salmos de un blanco fantasma lunar.

Dijera las danzas de trenzas lascivas,
las muelles cadencias de ensueños, las vivas
centellas de lánguidos rostros velados,
los tibios perfumes, los huertos cerrados;
dijera el aroma letal del harén.

Yo guardo, señora, en viejo salterio
también una copla de blanco misterio,
la copla más suave, más dulce y más sabia

O, my sweet lady, whiter and fairer
than the solitary morning star,
so bright in the sky! Why do you quietly
listen to my night love whining?
Who, milady, made your voice a crystal?'

The white illusion seems to be dreaming.
In the dark room the maiden is lurking.
'Milady, if you are afraid—concealed in the
shadows—of another shadow, trust my sword…
My sword was seen glistening in the moonlight.

Is my gesture perhaps anachronistic?
Yours is, milady, very laconic.
Perhaps you are surprised by my cloaked shadow,
my sword brandished, my hat plumed?
Are you a captive of the Moor Gazul?

Tell me so, and quickly will you hear my love
from my gusle's song and the sweetest
hubbub ever heard at a Moorish window.
My gusle will tell you of the full moon,
the snow-white April full moon.

It will tell of the clear silver cantiga
of the Moorish patio, and the serenade
that carries the scent of flowery prayer
to balconies and mullioned windows,
the psalms of a ghostly lunar whiteness.

It will tell of the dances of lascivious plaits,
the delicate cadences of daydreams, the lively
sparks of languid faces in veils,
the tepid perfumes, the closed orchards;
it would tell of the harem's lethal scent.

I also keep, milady, in an old psalter
a popular song of white mystery,
the gentlest, sweetest and wisest song

que evoca las claras estrellas de Arabia
y aromas de un moro jardín andaluz.

   Silencio… En la noche la paz de la luna
alumbra la blanca ventana moruna.
Silencio... Es el musgo que brota, y la hiedra
que lenta desgarra la tapia de piedra…
El llanto que vierte la luna de abril.

   —Si sois una sombra de la primavera
blanca entre jazmines, o antigua quimera
soñada en las trovas de dulces cantores,
yo soy una sombra de viejos cantares,
y el signo de un álgebra vieja de amores.

   Los gayos, lascivos decires mejores,
los árabes albos nocturnos soñares,
las coplas mundanas, los salmos talares,
poned en mis labios;
yo soy una sombra también del amor.

   Ya muerta la luna, mi sueño volvía
por la retorcida, moruna calleja.
El sol en oriente reía
su risa más vieja.

that recalls the bright Arabian stars
and scents of an Andalusian Moorish garden.'

Silence… At night the peaceful moon
illuminates the white Moorish window.
Silence… It is the moss growing, the ivy
slowly ripping the stone wall…
The tears shed by the April moon.

'If you are a Spring shadow
white amid jasmines, or an old illusion
dreamed in the ballads of sweet singers,
I am the shadow of ancient songs,
and the sign of an old algebra of love.

Bring to my lips
the joyful, lustful best sayings,
the snow-white night dreaming,
the worldly songs, the ankle-length psalms—
I am also a shadow of love.'

The moon now dead, my dream returned
through the winding, Moorish alley.
The sun laughed from the East
its most ancient laughter.

LIII

(A UN NARANJO Y A UN LIMONERO)
VISTOS EN UNA TIENDA DE PLANTAS Y FLORES

Naranjo en maceta, ¡qué triste es tu suerte!
Medrosas tiritan tus hojas menguadas.
Naranjo en la corte, ¡qué pena da verte
con tus naranjitas secas y arrugadas!

Pobre limonero de fruto amarillo
cual pomo pulido de pálida cera,
¡qué pena mirarte, mísero arbolillo
criado en mezquino tonel de madera!

De los claros bosques de la Andalucía,
¿quién os trajo a esta castellana tierra
que barren los vientos de la adusta sierra,
hijos de los campos de la tierra mía?

¡Gloria de los huertos, árbol limonero,
que enciendes los frutos de pálido oro,
y alumbras del negro cipresal austero
las quietas plegarias erguidas en coro;

y fresco naranjo del patio querido,
del campo risueño y el huerto soñado,
siempre en mi recuerdo maduro o florido
de frondas y aromas y frutos cargado!

LIII

(TO AN ORANGE TREE & A LEMON TREE)
SEEN AT A PLANT AND FLOWER SHOP

Orange tree in a flowerpot, yours is a sad fate!
Your very few leaves shiver with fear.
Orange tree at the court, how sad your vision
with those little oranges, dry and wrinkled.

Poor lemon tree with yellow fruit
like a polished pome of pale wax,
how sad your sight, squalid little tree
grown in a miserable wooden barrel!

From the bright Andalusian forests,
who brought you to this Castilian land
swept by the winds of the harsh mountains,
children from these fields and this land of mine?

Great figure of the orchards, lemon tree,
you light up the fruits of pale gold
and illuminate the stark black cypress grove,
the still prayers raised in unison;

and fresh orange tree in the lovely patio,
dreamed by the cheerful country and orchard,
always in my memories, ripe or full of flowers,
filled with leaves and fruits and aromas!

LIV

(LOS SUEÑOS MALOS)

   Está la plaza sombría;
muere el día.
Suenan lejos las campanas.

   De balcones y ventanas
se iluminan las vidrieras,
con reflejos mortecinos,
como huesos blanquecinos
y borrosas calaveras.

   En toda la tarde brilla
una luz de pesadilla.
Está el sol en el ocaso.
Suena el eco de mi paso.

   —¿Eres tú? Ya te esperaba...
—No eras tú a quien yo buscaba.

LIV

(BAD DREAMS)

The square is sombre;
the day is dying.
Bells toll in the distance.

The window panes
and balconies light up
with fading reflections,
like whitish bones
and blurry skulls.

Throughout the afternoon
shines a nightmarish light.
The sun is setting.
My steps echo.

'Is it you? I was expecting you…'
'It wasn't you I was looking for.'

LV

(HASTÍO)

Pasan las horas de hastío
por la estancia familiar,
el amplio cuarto sombrío
donde yo empecé a soñar.

Del reloj arrinconado,
que en la penumbra clarea,
el tictac acompasado
odiosamente golpea.

Dice la monotonía
del agua clara al caer:
un día es como otro día;
hoy es lo mismo que ayer.

Cae la tarde. El viento agita
el parque mustio y dorado...
¡Qué largamente ha llorado
toda la fronda marchita!

LV

(TEDIUM)

Hours of tedium go by
in the family room,
the spacious gloomy room
where I once began dreaming.

The rhythmic tick-tock
of the clock in a corner,
now clearer in the half-light,
annoyingly sounds.

On falling, the monotony
of the clear water thus speaks,
'A day is like any other day;
today is the same as yesterday.'

The night falls. The wind rustles
the withered and golden park…
All the shrivelled leaves
have been weeping for so long!

LVI

    Sonaba el reloj la una,
dentro de mi cuarto. Era
triste la noche. La luna,
reluciente calavera,

    ya del cenit declinando,
iba del ciprés del huerto
fríamente iluminando
el alto ramaje yerto.

    Por la entreabierta ventana
llegaban a mis oídos
metálicos alaridos
de una música lejana.

    Una música tristona,
una mazurca olvidada,
entre inocente y burlona,
mal tañida y mal soplada.

    Y yo sentí el estupor
del alma cuando bosteza
el corazón, la cabeza,
y… morirse es lo mejor.

LVI

The clock struck one
in my room. The night
was sad. The moon,
a gleaming skull

now falling from the sky,
was coldly lighting up
the tall rigid branches
of the orchard's cypress.

I could scarcely hear
through the half-open window
the metallic howl
of a distant music.

A rather sad music,
a forgotten mazurka,
between naive and mocking,
badly strummed and played.

And I felt the soul's
stupor when the heart
and head yawn,
then… better off dying.

LVII

(CONSEJOS)

I

Este amor que quiere ser
acaso pronto será;
pero ¿cuándo ha de volver
lo que acaba de pasar?

Hoy dista mucho de ayer.
¡Ayer es Nunca jamás!

II

Moneda que está en la mano
quizá se deba guardar;
la monedita del alma
se pierde si no se da.

LVII

(ADVICE)

I

This love that wants to be
perhaps soon will be;
but, when will return
what has just passed?

Today is far from yesterday.
Yesterday is Never ever again!

II

A coin in your hand
should be minded;
the soul's little coin
will be lost if not shared.

LVIII

(GLOSA)

Nuestras vidas son los ríos
que van a dar a la mar,
que es el morir. ¡Gran cantar!

Entre los poetas míos
tiene Manrique un altar.

Dulce goce de vivir:
mala ciencia del pasar,
ciego huir a la mar.

Tras el pavor del morir
está el placer de llegar.

¡Gran placer!
Mas ¿y el horror de volver?
¡Gran pesar!

LVIII

(GLOSS)

Our lives are the rivers
that flow into the sea,
which is dying. A great song!

Amid my favourite poets
Manrique is on a pedestal.

The sweet pleasure of living—
the bad knowledge of death,
the blind flight towards the sea.

After the terror of dying
comes the joy of arriving.

A great delight!
But, what of the horror of returning?
A great grief!

LIX

Anoche cuando dormía
soñé, ¡bendita ilusión!,
que una fontana fluía
dentro de mi corazón.
Di, ¿por qué acequia escondida,
agua, vienes hasta mí,
manantial de nueva vida
en donde nunca bebí?

Anoche cuando dormía
soñé, ¡bendita ilusión!,
que una colmena tenía
dentro de mi corazón;
y las doradas abejas
iban fabricando en él,
con las amarguras viejas,
blanca cera y dulce miel.

Anoche cuando dormía
soñé, ¡bendita ilusión!,
que un ardiente sol lucía
dentro de mi corazón.
Era ardiente porque daba
calores de rojo hogar,
y era sol porque alumbraba
y porque hacía llorar.

Anoche cuando dormía
soñé, ¡bendita ilusión!,
que era Dios lo que tenía
dentro de mi corazón.

LIX

Last night, in my sleep,
I dreamed—what a sight—
that a fountain was flowing
inside my heart.
Tell me, water, what hidden ditch
transports you to me,
spring of new life
from which I never drank?

Last night, in my sleep,
I dreamed—what a sight—
that I had a beehive
inside my heart
and the golden bees
were making in it
white wax and sweet honey
out of my old sorrows.

Last night, in my sleep,
I dreamed—what a sight—
that a burning sun shone
inside my heart.
It was burning since it warmed
me up like a red hearth,
and it was a sun since it lit up
and made me cry.

Last night, in my sleep,
I dreamed—what a sight—
that it was God I had
inside my heart.

LX

¿Mi corazón se ha dormido?
Colmenares de mis sueños
¿ya no labráis? ¿Está seca
la noria del pensamiento,
los cangilones vacíos,
girando, de sombra llenos?

No, mi corazón no duerme.
Está despierto, despierto.
Ni duerme ni sueña, mira,
los claros ojos abiertos,
señas lejanas y escucha
a orillas del gran silencio.

LX

Is my heart fast asleep?
Apiaries of my dreams,
no more work? Is the water-
wheel of my thought dry,
the buckets empty,
revolving, full of shadow?

No, my heart is not asleep.
It's wide awake, awake.
It neither sleeps nor dreams, it's
looking—its clear eyes open—
at distant signals, and listening
on the banks of the long silence.

Índice de primeros versos

A la desierta plaza	38
Abril florecía	102
Al borde del sendero un día nos sentamos	94
Algunos lienzos del recuerdo tienen	84
Amada, el aura dice	42
Anoche cuando dormía	158
Arde en tus ojos un misterio, virgen	82
¡Ay del que llega sediento	106
Como atento no más a mi quimera	136
Crear fiestas de amores	80
Crece en la plaza en sombra	86
Daba el reloj las doce y eran doce	66
El casco roído y verdoso	120
El limonero lánguido suspende	30
El sol es un globo de fuego	72
El sueño bajo el sol que aturde y ciega	122
En la desnuda tierra del camino	70
En una tarde clara y amplia como el hastío	54
Era una mañana y abril sonreía	118
Es una forma juvenil que un día	96
Está en la sala familiar, sombría	14
Está la plaza sombría	148
Este amor que quiere ser	154
Fue una clara tarde, triste y soñolienta	26
Hacia un ocaso radiante	44
He andado muchos caminos	18
La aurora asomaba	128
La calle en sombra. Ocultan los altos caserones	50
La plaza y los naranjos encendidos	20
La tarde caía	126
La tarde todavía	78

La vida hoy tiene ritmo	116
Las ascuas de un crepúsculo morado	88
Lejos de tu jardín quema la tarde	138
Maldiciendo su destino	56
Me dijo un alba de la primavera	92
Me dijo una tarde	114
¿Mi amor?… ¿Recuerdas, dime	90
¿Mi corazón se ha dormido?	160
Mientras la sombra pasa de un santo amor, hoy quiero	64
Naranjo en maceta, ¡qué triste es tu suerte!	146
Nuestras vidas son los ríos	156
¡Oh, dime, noche amiga, amada vieja	98
¡Oh figuras del atrio, más humildes	76
Pasan las horas de hastío	150
Recuerdo que una tarde de soledad y hastío	134
Se ha asomado una cigüeña a lo alto del campanario	36
¿Sevilla?… ¿Granada?… La noche de luna	140
Siempre fugitiva y siempre	52
Sobre la tierra amarga	68
Sonaba el reloj la una	152
¡Tenue rumor de túnicas que pasan	74
Tierra le dieron una tarde horrible	22
Tus ojos me recuerdan	108
Una tarde parda y fría	24
¡Verdes jardinillos	60
Vosotras, las familiares	130
Yo escucho los cantos	32
Yo meditaba absorto, devanando	48
Yo voy soñando caminos	40

Index of First Lines

A cold, grey winter's evening	25
A labyrinth of alleys	39
A mystery burns in your eyes	83
A Spring dawn said to me	93
A Spring evening	115
A stork sprang up at the top of the belfry	37
April was flowering	103
At the edge of the path we sit down one day	95
Beloved, the breeze bespeaks	43
Dawn was breaking	129
Delicate rustle of tunics	75
Ever fugitive and ever	53
Far from your garden the evening	139
He curses his destiny	57
He is among us in the shady family room	15
Hours of tedium go by	151
I go dreaming roads	41
I have travelled many roads	19
I listen to the songs	33
I recall an afternoon of solitude and tedium	135
I was focused only on my illusions	137
In an evening clear and ample as tedium	55
Is my heart fast asleep?	161
It is a youthful form that arrives	97
It was a clear afternoon, a sad and sleepy	27
It was morning and April was smiling	119
Last night, in my sleep	159
Meditating, lost in thought, spinning	49
My love?... Tell me, do you recall	91

O figures of the church porch, each day	77
On the bitter earth	69
On the road's bare earth	71
Orange tree in a flowerpot, yours is a sad fate!	147
Our lives are the rivers	157
Seville? Granada? The full moon	141
Small green gardens	61
Some canvasses of memory have	85
Still the evening	79
Tell me, friendly night, old beloved	99
The clock struck one	153
The clock struck twelve…	67
The corroded and greenish hull	121
The dream under the dazing and blinding sun	123
The embers of a purple twilight	89
The languid lemon tree suspends	31
The moss grows in the shady	87
The night was falling	127
The square is sombre	149
The square, and the orange trees in flame	21
The street in shadow. The tall rambling houses	51
The sun is a ball of fire	73
They buried him on a terrible noon	23
This love that wants to be	155
Today life has the rhythm	117
Today, while the shade of a holy love is passing by	65
Towards a radiant sunset	45
We fancy, now that we are in love	81
Woe to him who thirsts and comes	107
You, the familiar	131
Your eyes remind me	109

www.ingramcontent.com/pod-product-compliance
Lightning Source LLC
Chambersburg PA
CBHW031147160426
43193CB00008B/285